LA COOPÉRATION LYONNAISE

JUGÉE PAR L'EX-POLICE IMPÉRIALE

RENSEIGNEMENTS SUR LES ASSOCIATIONS

ET LEURS PRINCIPAUX MEMBRES

Publiés avec l'autorisation du Conseil municipal
et vendus au profit de la Défense nationale

PREMIÈRE LIVRAISON

ASSOCIATION DES TISSEURS. — SOCIÉTÉ INDÉPENDANTE DES TISSEURS

Prix : 15 Centimes

LYON

ASSOCIATION TYPOGRAPHIQUE

REGARD, RUE DE LA BARRE, 12

—

1870

NOMS DES PERSONNES CITÉES DANS CETTE PUBLICATION

Anonyme des Tisseurs. — Monet, Burlat, Cochard, Vasserat, Péroncel, Poncet, Séon, Bois, Garnier, Cachard, Colomban, Chamberland, Arbez, Arnaud, Barboyon, Bourdillon, Davagnes, Padis, Hermitte, Hivernon, Juillet, Monin, Mathieu, Manillier, Michaloud, Bonnet, Condamin, Berthier, Coque, Couturier, Chepié, Carrier, Ganguet, Clair, Picot, Bizolon, Pinet, Veyet, Bessenay.

Coopérative et de prévoyance des Tisseurs. — Anjou, Biot, Caire, Dorieux, Desvignes, Duguerry, Dugelay, Delhôpital, Favre, Greppo, Gerin, Lapierre, Maréchal, Pelletier, Sirbeau, Chepié.

Teinturiers. — Pivot, Saül, Muguet, Catignon, Bertrand, Chaudier, Allemand, Garnier, Barnoud.

Tullistes. — Fontaine, Basset, Deveaux, Dupont père, Meziat, Moreau ou Morot, André Tesser, Durieux, Joseph Desprez, Jacques Constant, Louis Reignier, Ginot, Pichot, Hilaric.

Typographes. — Regard, Enders, Gidrol.

Tailleurs d'habits. — Saunier, Trouillet, Borgne, Browne, Etchégoyen, Sauge, Dondainaz.

Tailleurs de pierre. — Chaffanjon, Michel, Deveaux.

Chapeliers. — Amar, Sibuet, Yvan, Nègre, Brun.

Ameublement. — Batifois, Brown, Boyer, Vinay, Chauvet.

Canniers. — Tonnelier, Dutrieux, Jourdan.

Fournitures pour la Chaussure — Lyonnet, Lacrotte, Gérard, Hiltebrunner, Vaganay, Palais aîné, Antoine Palais, Fillon, Lobeaux, Robesson.

Bronziers. — Mollard, Gresillon, Chanet, Bourseau, Eynard, Burkard, Serrez, Morand, Deschamps, Maclet, Oger, Quers, Bourgeois, Ract, Boisson, Grayet, Collaud, Bosnard, Bellicard, Laliche, Tronel, Ma.on.

Maçons. — Pradel, Ricand.

Menuisiers. — Outhier, Magnin, Girardin, Delmas, Canet, Barbot, Debarmot, Eberlé, Botton, Benoît, Hubert, Ceyter, Prost, Lacroix, Levrat, Menard.

Mécaniciens. — Méda, Alaterne, Bollet, Edelle, Gayet, Sapin, Sipel, Tracol, Mignot, Mure, Mollard, Gresillon, Eynard, Chas-et, Bourseau, Ressouche.

Peintres, Sculpteurs et Graveurs. — Louis Regard, Arthur Martin, Placet, Busque, Seignes, Chaverot, Bourgeot, Basset, Bénière fils, Bolay, Simon, Badarelli.

Crédit, Société à 10 c. — Baffert, Lapierre, Pelletier, Petit, Perrenet, Sigaud, Thibaudon, Désiré, Bouvier, Pelosse.

Crédit au Travail. — Hénon, Ferrouillat, Varambon, Bacot, Bonnardel, Flotard, Josserand, Chavanne, Le Royer, Rougier, Chambeyron, Calley, Gérard, Batifois, Baudy, Caire, Duguerry, Mingat, Soubrat, Chapitel, Pinet, Maynard, Clauzier.

Caisses de résistance. — Sibuet, Outhier, Magnin, Canet, Eberlé, Ceyter, Prost, Letaut, Lacroix, Dufin, Galand, Regard, Gidrol, Goutorbe, Colomb, Chorrier, Rillieux, Sauvin, Buisson, Gariod, Savoie, Jacquemard, Aergerter, Passot, Veley, Ducret, Saunier, Milleron, Wurm, Grinand fils.

Cercles. — Méda, Varambon, Crestin, Baudy, Bonnet, Pinet, Poncet, Perroncel, Mayer, Guinamard, Jacob, Mingat, Dumarest, P. Morin, Groz, Millaud, Peillon, J. Macé, Mlle Vesenet, Manillier, Dumont, Bret, Ligier, Morand, Chapitet, Pinet, Tardy, Servet, Denis Brack, Andrieux, Francfort, Wolowski, Chanoz, Legros, Guillot, Tissot, Cassabois, Garnier, Gay, Chanet, Blanchon, Grinand fils, Laganier, Besson, Dizain, Farnier, Moussy, Garel, Lambrechts, Chepié, Batifois, Chupin, Bergeron, Favier.

LA
COOPÉRATION LYONNAISE

JUGÉE

PAR L'EX-POLICE IMPÉRIALE

ASSOCIATION DES TISSEURS DE LYON

(Février 1870)

L'association des Tisseurs est la première qui, à Lyon, ait fait naître parmi les travailleurs l'idée de réunir leurs forces, pour s'affranchir du joug des patrons, et devenir leurs propres maîtres ; le but qu'ils cherchent à atteindre est hérissé de difficultés : car indépendamment de la concurrence qu'ils ont à soutenir contre les capitaux énormes et l'habileté que possèdent les grands seigneurs de la fabrique lyonnaise, ils ont à lutter contre leur inexpérience des affaires commerciales, les divisions, les rivalités et les défiances, qui sont inhérentes aux société ouvrières.

Malgré ces difficultés, que les coopérateurs ne se sont point dissimulées, ils sont entrés dans la lutte pleins de courage et avec la conviction que l'association de production ne serait bientôt plus une utopie.

Cette association, qui remonte au mois de mai 1863, a subi plusieurs transformations : Établie d'abord sous la règle de la commandite par actions, ce mode provisoire a duré jusqu'en 1866 ; elle ne s'est livrée pendant ce laps de temps à aucune opération commerciale ; ce n'est que le 31 décembre de cette année, qu'elle s'est définitivement constituée en société anonyme, et qu'elle a pu commencer ses opérations, grâce au crédit de 300,000 fr. que la bienveillance de M. le sénateur Chevreau lui a fait ouvrir sur la caisse de prêt du Prince-Impérial.

Il n'est guère possible dans ce rapide coup d'œil d'entrer

1

dans des détails sur les péripéties dans lesquelles elle a passé et qui ont fait l'objet de nombreux rapports. Ce qu'il est seulement utile d'établir, c'est la divergence d'opinions qui 'a jusqu'ici divisé les membres de cette société, sur les moyens d'appliquer les principes que doivent diriger le mouvement coopératif.

Les premiers fondateurs, sous le coup des résultats désastreux qui avaient ruiné l'association des Veloutiers en 1851, étaient et sont encore pénétrés de l'idée que la réussite des associations en général dépend du degré d'indépendance qu'elles savent conserver soit vis-à-vis du pouvoir, soit vis-à-vis des détenteurs du capital.

Plus tard, lors de l'adjonction de nouveaux membres aux fondateurs, un élément nouveau s'y est introduit, qui a formé le contre-pied de l'ancien, et qui a depuis tendu, autant que possible,à se mettre sous l'égide de l'autorité supérieure, tout en tendant la main dans une certaine mesure aux capitalistes.

C'est ce dernier élément qui a fini par triompher et a fini par transformer la société sous le régime de l'anonymat, et l'a placée dans une certaine dépendance du pouvoir par les secours quelle en a obtenue.

Cette association doit compter de 2,500 à 3,000 adhérents, tous socialistes, et dont j'ai signalé un grand nombre. Je vais me borner dans cette rapide esquisse à vous signaler ceux qui sont les plus influents et qui ont jusqu'à ce jour marché à sa tête.

Ce sont les sieurs :

Monet (Jean-Marie), maître tisseur, rue Sainte-Blandine, 5, ancien gérant et plus tard directeur de la société des Tisseurs. C'est un homme qui paraît avoir reçu une instruction au-dessus de celle des travailleurs. Les membres de la société lui reconnaissent de l'énergie et une certaine aptitude pour diriger une association ; mais il est selon eux regrettable que ces qualités soient amoindries par un caractère porté à l'orgueil et à la domination. L'esprit autoritaire qu'il a déployé dans les actes de la gérance et de la direction de la société des Tisseurs lui a aliéné la majorité des actionnaires, qui ont provoqué sa retraite de l'administration. Mais je crois qu'il n'en inspire pas moins la plupart de ses opérations.

Ses opinions sont plutôt du domaine économique que politique ; il a même des tendances à défendre le gouvernement impérial. Ce qui lui donne une certaine popularité dans la classe ouvrière, c'est sa collaboration au Rapport des délégués à l'Exposition de Londres, sa participation à plusieurs sociétés coopératives, surtout à celle de la Vie à bon marché. Il est également membre de l'Enseignement professionnel et avait ses entrées à la préfecture, l'un des grands griefs que lui reprochent les démagogues. Il doit être âgé de 45 à 48 ans.

BURLAT (Jean-Antoine), tisseur, âgé d'environ 30 à 35 ans, cours des Tapis, 2, figure parmi les ouvriers d'élite du tissage. Il a commencé à être connu dans les délégations ouvrières dont il a été membre, puis secrétaire du conseil des Prud'hommes ; il est devenu lui-même prud'homme. Il a été membre de la rédaction des statuts de la société des Tisseurs et a fini par en devenir l'un des administrateurs. Il fait également partie de l'Enseignement professionnel et est inspecteur du cours de mathématiques.

C'est une nature ardente au travail, d'un caractère souple et insinuant, sachant se plier aux circonstances ; et quoiqu'il professe intérieurement des principes avancés, il dissimule ses tendances politiques et sociales pour donner carrière à son ambition. Comme Monet, il avait ses entrées à la préfecture.

COCHARD (Jean-François), âgé de 60 à 65 ans, Grand'Rue-de-la-Croix-Rousse, 50. — C'est l'un des chefs d'atelier les mieux posés et les plus influents du 4ᵉ arrondissement. C'est un des membres de l'administration de la société des Tisseurs, qui le reconnaissent comme un des plus habiles praticiens et comme novateur. C'est, au fond, un homme d'une grande probité, et dont la moralité est intacte. Il a figuré dans les menées démocratiques, mais je le crois au fond très-pacifique. Ses tendances socialistes sont phalanstériennes ; il croit à la possibilité d'allier le capital et le travail. Il est doué d'une certaine dose de vanité et était très-flatté de l'accueil qu'il recevait à la préfecture. M. le sénateur Chevreau l'a fait nommer membre de la commission municipale. Il aspire, je crois, à la Légion d'honneur.

VASSERAT (Francisque), maître tisseur, cours des Tapis, 6, ancien président de la commission de la société coopérative des Tisseurs. Démocrate socialiste, il passe dans son parti pour un homme sérieux. Il a été également l'un des fondateurs et administrateurs des Travailleurs-Unis, qui ont succombé après l'avénement de l'empire. Il s'est toujours occupé, depuis, de socialisme. Il appartient, dans la société des Tisseurs, à la fraction qui repousse du sein de l'association ouvrière toute immixtion des capitalistes et du pouvoir ; cependant, je crois qu'il était flatté de l'accueil que M. le sénateur avait fait à la commission des Tisseurs, et qu'il avait abjuré une partie de son puritanisme.

PÉRONCEL, maître tisseur, rue de la Madeleine, 18. — Démocrate socialiste très-estimé et très-influent dans sa corporation. Il est mêlé à toutes les intrigues du parti démocratique radical ; il a fait partie de la commission des Tisseurs et était l'un des chefs de la coterie qui s'est le plus opposée à l'immixtion du pouvoir et des capitalistes dans la société. On peut le considérer comme l'un des meneurs radicaux de la Guillotière.

PONCET (Charles), tisseur, rue de la Madeleine, 16. — Démocrate socialiste, membre de plusieurs sociétés ouvrières dans lesquelles il exerce une certaine influence. Il ne se fait guère de réunions où il ne soit appelé. C'est un ancien administrateur de la société des Tisseurs, qui s'est retiré parce que l'on n'a pas voulu adopter ses principes d'indépendance vis-à-vis du pouvoir, dont on a, selon lui, eu le tort d'accepter la protection. On peut le noter comme une des influences radicales de la Guillotière.

SÉON (Augustin), tisseur, rue des Grandes-Terres, 4, quartier Saint-Just. — C'est un des vieux démocrates socialistes de 1848, ayant fait partie des sociétés communistes. C'est un homme d'une trempe très-énergique, qui a participé à toutes les menées de cette époque et n'a pas discontinué de seconder toutes les intrigues hostiles à l'empire. Quoique d'une intelligence très-ordinaire, il est très-estimé et très-influent parmi les ouvriers de son quartier, à cause de son passé politique. Il figure parmi les administrateurs de la société des Tisseurs et de l'administration d'une société coopérative de consommation. C'est un ex-délégué à l'Exposition de 1867.

Bois (Antoine), rentier, rue de l'Enfance, 36. — Ancien fabricant, qui a jadis liquidé après avoir subi des pertes sérieuses provenant, selon les uns, de fausses spéculations, selon les autres, d'une rude concurrence que lui aurait faite son ancien associé Brebant, aujourd'hui associé de Salomon.

Bois a des tendances démocratiques libérales ; il est partisan du mouvement coopératif. Il a cherché, soit par ses capitaux, soit par l'expérience qu'il avait acquise dans le commerce, à prêter son concours à l'association des Tisseurs, qui, après en avoir fait un directeur, l'ont forcé à se démettre, sous le prétexte que ses idées en matière d'association n'étaient pas assez radicales.

Garnier (Barthélemy), tisseur, rue des Gloriettes, 9. — Républicain radical, libre-penseur des plus intolérants. Il a marqué son passage dans toutes les manœuvres hostiles à l'ordre actuel des choses. En 1848, il fut l'un des organisateurs des Travailleurs-Unis, et en 1863, de l'association des Tisseurs. Il a figuré parmi les administrateurs de ces deux sociétés, dans lesquelles il a apporté ses principes outrés. Son nom figure dans les comités radicaux pour les élections et parmi les plus ardents propagateurs de la libre-pensée. On m'a assuré qu'il avait été renommé président de la commission des Tisseurs.

Cachard (Claude), tisseur, rue du Mail, 24. — Démocrate socialiste ayant figuré parmi les hommes d'action de 1848. On prétend que ses tendances révolutionnaires se sont modifiées et qu'il est tout-à-fait rallié au mouvement coopératif. Ses amis politiques de 1848 le signalent comme un transfuge. Il fait partie de la fraction modérée de l'association.

Colomban (Jean-Antoine), âgé d'environ 55 ans, tisseur, rue Imbert-Colomès, 14. — C'est le fils d'une victime de la restauration bourbonienne de 1815. Son père fut guillotiné à Saint-Andéol (Isère), à cause de ses opinions napoléoniennes. Je crois même que le gouvernement actuel lui sert une petite pension.

Il a figuré en 1848 parmi les hommes les plus ardents du mouvement révolutionnaire et a même été compromis.

Il paraît, au reste, avoir des opinions assez indécises, et n'en est encore qu'aux théories absurdes du communisme ; et comme le mouvement coopératif lui paraît un acheminement à ses rêves, il fait partie de plusieurs sociétés : celle des Tisseurs le compte au rang de ses administrateurs.

Chamberland, tisseur, rue de la Terrasse, 2. — Démocrate socialiste des plus avancés, l'un des maîtres tisseurs les plus influents de la Croix-Rousse. Son opinion fait toujours autorité dans les réunions où il se trouve. Il a figuré d'une manière très-active dans les grèves d'ouvriers. C'est un des principaux fondateurs du cercle de l'association des Tisseurs, dont il a été administrateur. Il fait partie, en ce moment, du comité de conciliation.

Arbez ou Arbey (Auguste), tisseur, rue Richan, 5. — C'est un homme peu connu dans le parti révolutionnaire politique, mais très-répandu et influent parmi les coopérateurs. Il est membre de plusieurs associations ouvrières et administrateur de celle des Tisseurs.

Arnaud (Antoine), tisseur, rue Dumont-Durville, 1. — Ancien sous-officier, membre des plus influents de la société des Ferrandiniers et de plusieurs autres sociétés ouvrières. Il a été l'un des premiers fondateurs et des premiers administrateurs de celle des Tisseurs.

Les opinions qu'il affiche sont des plus radicales et sont même empreintes de violence. On le remarque dans toutes les menées de ce parti, et il serait, dans un moment d'agitation, l'une des influences de la classe ouvrière.

Barboyon (Pierre), maître tisseur, rue d'Ivry, 27. — Ce nom figure très-peu dans les réunions politiques, mais il paraît très-influent parmi les coopérateurs. Il a été porté à l'administration des Tisseurs par 1,244 voix.

BOURDILLON (Joseph), maître tisseur, rue Lemot, 10. — Il est considéré parmi ses collègues comme un homme d'élite de la corporation du tissage. Il est intelligent et s'est créé quelques connaissances superficielles par la lecture des écrivains de l'école socialiste, ce qui lui donne une certaine influence dans le parti, dont il est un des meneurs. C'est l'un des premiers fondateurs et administrateurs de la société des Tisseurs.

DAVAGNES (Paul), rue Victor-Arnaud, 13. — C'est l'un des membres les plus influents des sociétés coopératives. Il a été nommé administrateur de celle des Tisseurs par 1,310 voix. C'est celui qui en a eu le plus.

PADIS (Pierre), tisseur, rue Pouteau, 8 ou 10. — Ne m'est connu, comme le précédent, qu'au point de vue du mouvement coopératif et comme membre de l'administration des Tisseurs.

HERMITTE (Jean-Baptiste), monteur de métiers, rue de Cuire, 14. — Démocrate socialiste, figurant d'une manière très-active dans le mouvement coopératif; ce qui ne l'empêche pas de seconder les menées politiques des démocrates radicaux. Ce sont ces derniers qui font partie de la société des Tisseurs, qui l'ont porté à l'administration.

HIVERNON (François), rue Pailleron, 13 et 15. — Mêmes renseignements que pour le précédent.

JUILLET (Pierre), place Colbert, 7. — Il a servi et quitté l'armée avec le grade de sous-officier; c'est dans sa corporation un ouvrier d'élite. Comme opinion, c'est un socialiste radical; il figure dans la catégorie des indépendants de la société des Tisseurs, dont il est l'un des administrateurs.

MONIN (Jean-François), côte des Carmélites, 1. — C'est un des anciens meneurs politiques de 1848; il ne manque pas d'un certaine intelligence et jouit d'une petite aisance qui lui permet de hanter la bourgeoisie qui se dit avancée, et de seconder ses menées. Comme il passe pour avoir quelques connaissances commerciales, il a été, à diverses reprises, nommé membre de la commission administrative.

MATHIEU (Louis-Denis), tisseur, rue de Sèze, 83. — Ceux qui connaissent ce démocrate socialiste se défient de lui; il fréquente toutes les coteries, cherche à connaître leurs menées et se fait le flatteur des opinions les plus divergentes. Il a été nommé administrateur de la société des Tisseurs, mais les purs le tiennent pour suspect.

MANILLER (Antoine), tisseur, rue de Sèze, maison Mage. — Démocrate socialiste, ayant figuré et figurant d'une manière des plus actives dans les menées démagogiques. C'est un des hommes qui ont le plus coopéré à la formation des associations ouvrières; il avait été nommé membre de l'administration de celle des Tisseurs; mais lors de sa transformation en société anonyme et lorsqu'on avait besoin de l'appui de l'autorité supérieure, son nom fut sacrifié comme trop radical. Il peut être considéré comme l'un des meneurs de ce parti.

MICHALOUD (François), tisseur, rue Madame, 3. — Ancien membre des sociétés secrètes, ayant subi une condamnation politique en 1856. Les anciens membres de ces sociétés l'accusent d'avoir fait des révélations au gouvernement, qui lui ont valu l'indulgence du tribunal. Il est donc très-peu convoqué dans les réunions qui ont un caractère politique; il exerce un peu plus d'influence dans les sociétés coopératives. Celle des Tisseurs l'avait nommé membre de l'administration. Si l'accusation qui pèse contre lui est fausse, on peut le considérer comme un radical.

BONNET, maître tisseur, rue de la Madeleine, 16. — Démocrate socialiste, ancien président de la société des Tisseurs et ancien président de la société Internationale, membre du conseil des Prud'hommes et du cercle des Amis des Arts de la Guillotière. Cet individu est diversement jugé par son parti : selon les uns, il n'aurait affiché des opinions tranchées que pour arriver à quelque chose, d'autres prétendent que c'est un parfait démocrate, qui seulement veut éviter de se compromettre et de compromettre son parti.

CONDAMIN, maître tisseur, rue Lebrun, 7. — Prud'homme de la corporation des tisseurs, et membre du conseil de conciliation de la société coopérative de ce corps d'état;

passe pour un des radicaux les plus ardents de Lyon ; son nom figure souvent dans les menées de ce parti.

BERTHIER, maître tisseur, rue Rivet, 10. — Membre du conseil de conciliation de la société des Tisseurs, est signalé au même titre que le précédent.

COQUE (Hyacinthe), maître tisseur, impasse Dumont, 13. — Membre du conseil de conciliation de la société des Tisseurs, dont il a été l'un des fondateurs et des premiers administrateurs.

C'est un démocrate socialiste qui propage ses opinions avec calme et ne se livre pas dans les conversations à de violentes attaques contre l'ordre actuel des choses. Il fait également partie de plusieurs autres sociétés coopératives qui tiennent en estime sa probité et son caractère conciliant.

COUTURIER (Valentin), maître tisseur, rue Lemot, 10. — Ex-membre du conseil des Prud'hommes, et membre influent de la société des Tisseurs.

C'est un des révolutionnaires les plus violents de Lyon ; il a été condamné à la déportation pour avoir pris part aux troubles de 1849. Dans la détention qu'il subit à Belle-Ile, il se lia avec Blanqui, et devint un de ses plus zélés partisans. C'est un homme intelligent, énergique, qui exerce une grande influence sur les masses. Dans un moment d'agitation, ce serait un homme dangereux.

CHEPIÉ, ouvrier tisseur, Grand'Rue-de-la-Croix-Rousse, 34. — Prud'homme, nommé par les ouvriers tisseurs ; c'est un démocrate socialiste, très-influent sur les ouvriers de ce corps d'état, qui le nomment dans presque toutes leurs délégations, il fait également partie des comités politiques radicaux, et figure parmi les meneurs des libres-penseurs.

CARRIER, maître tisseur, rue Bugeaud, 139. — Membre du conseil de conciliation de la société des Tisseurs, il figure dans mes notes comme démocrate socialiste des plus radicaux et des plus influents sur la classe ouvrière.

GANGUET, maître tisseur, rue Rivet, 10. — Ancien premier compagnon ferrandinier, il exercerait une grande influence si ce n'étaient ses accointances avec la bourgeoisie qui le rendent suspect aux puritains de la démagogie, il n'en exerce pas moins sa part d'influence dans les comités radicaux où il est appelé ; il a fait partie de celui qui a décidé l'élection de Bancel, et s'est fait remarquer par l'ardeur de sa propagande en faveur de ce député, dont il est aujourd'hui un des plus violents détracteurs. C'est le président de la société chorale l'*Harmonie Gauloise ;* il a été président du comité électoral pour l'élection des prud'hommes des tisseurs.

Clair, maître tisseur, rue Tronchet, 73. — Jouit d'une grande influence parmi les ouvriers tisseurs qui s'occupent d'associations coopératives ; c'est de plus un démocrate ultra-radical qui participe à toutes les menées de ce parti.

Picot (Jean-Pierre), tisseur, rue Suchet, 13. — L'un des membres influents de la société des Tisseurs, du cercle des Travailleurs des Brotteaux, et de la société des libres-penseurs ; c'est aussi un des membres du conseil des Prud'hommes. Il ne se fait guère de réunions dans le parti radical, où il n'assiste.

Bizolon, gérant de l'épicerie coopérative de la rue Pou-teau, 18, est également un des membres influents de la société des Tisseurs. Il appartient à la fraction qui a transformé la société sous le régime de l'anonyme et a sollicité l'appui de l'autorité supérieure.

Bizolon n'a pas de passé politique, mais il s'est activement occupé des sociétés ouvrières pour la production, la con-sommation, le crédit mutuel et l'enseignement libre et laïque. C'est donc un socialiste et un libre-penseur, qui exerce une certaine influence dans le quartier de la Grand'Côte.

Pinet, père et fils, plieurs, rue de Sèze, 88 ou 90. — Ils sont mêlés d'une manière très-active à toutes les intrigues politiques et socialistes des démagogues de Lyon. Leur nom figure comme meneurs dans la société des Tisseurs, l'épicerie coopérative des Brotteaux, le cercle des Travailleurs du même quartier et dans les réunions des libres-penseurs. Leur domicile est un lieu de réunion qui a réuni jusqu'à trois cents individus, aux époques électorales passées. C'était un des principaux comités des Brotteaux.

Le fils est assez intelligént et remplit souvent dans les réunions les fonctions de secrétaire.

Veyet, maître tisseur, rue des Asperges, 17, au 2ᵉ (Guillotière), président de série de l'association coopérative des Tisseurs.

C'est un des démagogues les plus rageurs du 3ᵉ arrondissement ; il a été affiié aux anciennes sociétés secrètes et a figuré parmi les meneurs ardents du parti révolutionnaire de 1848. Depuis cette époque il n'a pas discontinué de seconder les menées de ce parti ; il ne se fait pas de réunions et ne se prend aucune mesure où il ne prenne part. C'est un homme doué d'un naturel intelligent, mais sans instruction. Dans un moment d'agitation ce serait un homme d'action dangereux ; aujourd'hui c'est un propagandiste ardent qui endoctrine les militaires et les habitants de Monplaisir, Mont-Chat, Villeurbanne et autres faubourgs de Lyon où il a des relations.

Besseney (Jacques), tisseur. Grand'Rue-Saint-Clair, 28. — Démocrate socialiste ardent, il figure parmi les promoteurs les plus zélés du mouvement coopératif. C'est un des membres influents de la grande association des Tisseurs, et l'un des fondateurs de la société commerciale pour vente d'épiceries, quartier Saint-Clair, dont il a été gérant.

C'est un homme influent dans son quartier qui l'a, je crois, porté au conseil municipal. Dans un moment donné, il figurerait parmi les principaux meneurs d'un mouvement populaire.

Dans un prochain rapport je m'occuperai des principaux initiateurs pour la fondation de la nouvelle société coopérative et de prévoyance des Tisseurs de Lyon, dont les premiers essais infructueux remontent au mois de mai 1868.

Faure.

SOCIÉTÉ COOPÉRATIVE ET DE PRÉVOYANCE DES TISSEURS DE LYON

Les premiers essais de fondation de cette société, qui est encore à l'état d'embryon, remontent à l'époque où la grande société des Tisseurs accepta la protection de l'autorité supérieure ; les socialistes radicaux prétendirent que l'association, par l'immixtion du pouvoir dans ses opérations, perdait son caractère d'indépendance, et cherchèrent à entraîner, dans une scission imposante, les hommes avancés ; mais le bon sens de la majorité des actionnaires ayant triomphé, les *ultras* seuls, au nombre d'une trentaine, se séparèrent de la société pour constituer une nouvelle société dite *des Indépendants*. Ce ne fut que le 24 mai 1868, dans une prétendue réunion générale des tisseurs qui eut lieu rue Sainte-Blandine, 10, au premier, que la commission d'initiative se constitua. C'est cette commission que je vais essayer de vous faire connaître, à l'aide de mes souvenirs fugitifs et de quelques notes éparses, n'ayant pas conservé le double du rapport que j'ai adressé à cette époque.

ANJOU, tisseur à la Croix-Rousse. — Républicain socialiste des plus ardents et des plus influents du plateau, prenant une part active à toutes les menées de ce parti ; il exerce également une grande influence parmi les associations ouvrières. C'est un des premiers actionnaires qui, rompant avec l'ancienne société des Tisseurs, chercha à constituer celle des Indépendants. Dans un moment d'agitation, ce serait un homme d'action.

BIOT, rue des Augustins, n° 24. — Républicain socialiste ; caractère sombre, défiant ; ayant l'habitude, comme tous les anciens affiliés des sociétés secrètes, de parler bas dans les établissements publics, et ne voyant partout que des agents de police secrète. C'est un de ceux qui voulaient transformer les sociétés ouvrières en sociétés politiques ; il a rompu avec la grande association des Tisseurs, sous le prétexte que les principaux chefs avaient des attaches à la préfecture ; il est membre de la commission d'initiative de la société indépendante des Tisseurs et de la commission provisoire de la société pour l'enseignement libre et laïque.

Caire, maître tisseur, en face des Bernardines. — Républicain socialiste, intelligent et très-influent à la Croix-Rousse, fait partie de toutes les réunions de ce parti. C'était un des membres influents de la grande société des Tisseurs, qu'il a quittée parce qu'elle avait accepté les faveurs du gouvernement. Il figure parmi les plus ardents promoteurs d'une nouvelle association coopérative indépendante : il est mêlé au mouvement des libres-penseurs et a été secrétaire du comité bancelliste aux dernières élections. Les hommes d'action comptent sur lui dans un moment donné.

Dorieux, maître tisseur, rue de Crimée, nº 4. — Républicain socialiste, mêlé d'une manière très-active au mouvement coopératif, membre de plusieurs sociétés ouvrières pour vente de consommation et de crédit mutuel ; il était aussi membre de la société des Tisseurs, qu'il a quittée parce qu'elle n'était pas assez indépendante ; il est membre de la commission d'initiative de la nouvelle société qui a posé ses premières assises le 24 mai 1868.

Desvignes, maître tisseur, rue de Sèze, 118. — Tenant également un petit magasin de rouennerie rue Masséna, 38. Républicain socialiste, ayant figuré dans les troubles de 1848 et 1849 ; ancien affilié de la Charbonnerie. Quoiqu'il approche de la soixantaine, il a conservé une grande énergie et pose toujours en homme d'action ; il a également des prétentions à poser en homme de lettres ; il avait fondé, il y a quelques années, un journal intitulé l'*Harmonie,* qui n'a vécu qu'un ou deux numéros ; il fait partie des comités radicaux. C'est un de ceux qui ont rompu avec la grande société des Tisseurs pour créer celle des Indépendants, qui l'a choisi comme membre de la commission d'initiative. Il figure également parmi les meneurs de la société des libres-penseurs.

Duguery, maître tisseur, montée Rey, 5. — Républicain, socialiste, libre-penseur, coopérateur ; on le trouve mêlé de la manière la plus active à toutes les menées démagogiques ;

il a été président du comité bancelliste, aux dernières élections, le siége du comité était chez lui ; il figure à la tête des libres-penseurs, qui se réunissent chez lui en grand nombre: il fait partie de la société du Crédit au Travail, et a exercé une certaine influence dans la grande société des Tisseurs, qu'il a quittée parce que, selon lui, elle s'était mise à la remorque du gouvernement en acceptant ses faveurs.

C'est le président de la commission d'initiative de la société indépendante, coopérative et de prévoyance des Tisseurs, fondée le 24 mai 1868.

DUGELAY, tisseur, à la Croix-Rousse, a figuré parmi les hommes d'action de 1848 et a, depuis, toujours été remarqué mêlé aux intrigues démagogiques ; son caractère violent et son langage provocateur contre le gouvernement ont souvent fait planer sur lui des soupçons policiers.

DELHOPITAL, tisseur, rue Sainte-Blandine, 10. — Républicain socialiste, ancien affilié aux sociétés secrètes et très-lié avec les vieux débris de ces sociétés, qui se réunissent chez Mille, petite rue des Feuillants ; chez Burbant, rue Imbert-Colomès, et autres cabarets de même genre ; il s'est mêlé aux sociétés coopératives pour y entretenir l'élément révolutionnaire. Comme ses opinions ultra-démagogiques étaient peu goûtées dans la grande société des Tisseurs; il l'a quittée, pour s'unir avec ceux qui partageaient ses opinions et former une nouvelle société ; c'est même chez lui que la société a commencé à se constituer.

FAVRE, maître tisseur, rue Bodin, 9, au 4e. — Républicain socialiste des plus radicaux, ancien membre du comité bancelliste, membre des comités des libres-penseurs ; il est également mêlé aux sociétés coopératives, il figure parmi les membres du comité d'initiative de la société de prévoyance et coopérative des Tisseurs, nommé le 24 mai 1868.

GREPPO, tisseur, place des Tapis, 20. — C'est le frère de l'ex-représentant du peuple en 1848, dont il partage toutes les opinions ; il a quitté la grande société des Tisseurs parce qu'elle ne suivait pas les principes proclamés par Proudhon, et s'est rallié à la faction des Indépendants, qui l'ont nommé membre de la commission d'initiative pour la création d'une nouvelle société coopérative et de prévoyance des Tisseurs.

GÉRIN père et fils, tisseurs, rue Jacquard, 8 et 17. — Républicains socialistes très-activement mêlés aux menées de ce parti ; ils ont figuré parmi les premiers fondateurs de la grande société des Tisseurs et de la société Internationale ; ils appartiennent à la catégorie des Indépendants qui a rompu avec la première de ces sociétés et qui fait des efforts infructueux pour arriver à constituer une nouvelle société conforme aux principes égalitaires.

LAPIERRE, maître tisseur, cours des Tapis, 6. — Républicain socialiste. On dit qu'il a été mêlé, d'une manière très-active, aux troubles de 1848 et 1849 et a été assez habile pour échapper à la justice de l'ordre : circonstance qui est commentée d'une manière assez méchante ; il n'en est pas moins mêlé aux menées de ce parti, et figure parmi les membres de la commission d'initiative pour la société coopérative et de prévoyance des Tisseurs indépendants.

MARÉCHAL, rue Sainte-Élisabeth, 97. — Républicain socialiste, membre de plusieurs sociétés ouvrières dans lesquelles il exerce sa part d'influence ; ses propositions figurent toujours parmi les plus radicales ; il fait partie de la commission d'initiative pour la société coopérative et de prévoyance des Tisseurs, constituée le 24 mai 1868.

PELLETIER, tisseur, rue d'Enfer, 45-47. — Républicain socialiste très-influent à la Croix-Rousse, faisant partie des menées politiques et socialistes de la démagogie, mais agissant avec prudence ; c'est l'un des premiers organisateurs des petites sociétés de prêts mutuels dont il a été président ; il a également figuré parmi les membres influents de la grande société des Tisseurs, dont il s'est séparé pour ne pas participer à la faveur du gouvernement : c'est un des membres de la commission d'initiative de la société indépendante des Tisseurs, fondée le 24 mai 1868.

SIRBEAU, tisseur, rue des Fantasques, 2. — Républicain socialiste, affilié aux sociétés secrètes qui en 1848 provoquèrent le trouble à Lyon ; il a été toujours mêlé aux manœuvres hostiles à l'ordre actuel des choses ; il est membre de plusieurs sociétés ouvrières, des comités radicaux, de la libre-pensée et de la commission d'initiative de la société indépendante des Tisseurs ; il se fait partout remarquer par le radicalisme de ses opinions ; il appartient au petit groupe de révolutionnaires de 1848 qui a conservé des relations avec les réfugiés de Londres et Genève.

CHEPIÉ et PICOT, deux prud'hommes de la corporation des tisseurs, anciens membres influents de la grande société de ce corps d'état, se seraient retirés et feraient partie de la commission d'initiative des Tisseurs indépendants, nommée le 24 mai 1868.

Les noms qui précèdent peuvent être considérés comme les meneurs des démagogues les plus rageurs de la corporation des tisseurs. Ils se sont eux-mêmes appelés les indépendants; grands criards, projetant beaucoup, mais incapables de rien organiser de sérieux. Il y a bientôt deux ans qu'ils cherchent à organiser leur société coopérative, et ils ne sont guère plus avancés que le premier jour; mais ils se rattrapent en faisant partie des comités politiques radicaux, des commissions de la libre-pensée et autres menées hostiles à l'ordre actuel des choses.

Je suis, avec le plus profond respect, de vous, Monsieur le Conseiller d'Etat, le très-humble, très-obéissant et tout dévoué serviteur,

FAURE.

Lyon, Association typographique. — Regard, rue de la Barre, 12

ASSOCIATION DES TEINTURIERS

L'association coopérative de production la plus importante de Lyon est celle des Tisseurs que j'ai signalée dans un rapport spécial.

Celle qui prend rang après, est celle des Teinturiers, société coopérative industrielle, dont les premiers essais de création remontent en 1866, et qui n'a pu se constituer définitivement que grâce au prêt qui lui a été fait sur la caisse de crédit du Prince Impérial.

Ses ateliers, situés rue Lafayette, près le cours d'Herbouville, sont en pleine activité depuis environ un an, et prospéreraient si ce n'était l'incapacité et la vanité de ses administrateurs, qui sont d'excellents ouvriers, mais de tristes directeurs.

Les hommes les plus influents de cette association sont les sieurs :

PIVOT, ex-délégué à l'Exposition de Londres.—Très-influent dans la corporation des teinturiers de Lyon et de Saint-Étienne, deux villes qu'il a alternativement habitées et où il s'est fait remarquer par l'ardeur de ses opinions démocratiques et socialistes ; c'est l'un des hommes les plus intelligents de cette association.

SAUL (Francisque), ex-teinturier, marchand de faïence et poterie, cours Morand. — Ex-vorace de 1848, devenu un peu plus modéré ; quelques grincheux prétendent qu'il a des rapports suivis avec le parti clérical ; il n'en affiche pas moins des opinions socialistes qui, jointes à une position sociale assez aisée, lui donnent une certaine influence dans la société des Teinturiers, qui l'a choisi comme président de la commission administrative.

MUGUET, âgé d'environ 40 ans, ouvrier teinturier, rue de Sèze, n° 69. — Démocrate socialiste, on le dit intelligent, passablement lettré pour un ouvrier et s'exprimant avec aisance, il est mêlé à toutes les menées de la démagogie ; Internationale, Libre-Pensée, comités radicaux, il est appelé dans toutes les réunions ; il a été président d'une des fortes grèves des teinturiers et membre de l'administration coopérative de ce corps d'état.

CATIGNON, ex-gérant de l'association.

BERTRAND, ex-gérant de l'association.

CHAUDIER, ex-président du conseil de surveillance de l'association.

ALLEMAND, teinturier, rue Saint-Clair, 44.

GARNIER (Jacques), rue Monsieur. — Ex-président de la société.

BARNOUD, ex-gérant de la société, actuellement membre de la commission.

Tous ces noms sont désignés comme des meneurs de la corporation des Teinturiers, connus par leur esprit révolutionnaire, prêtant leur concours à toutes les menées démagogiques.

ASSOCIATION DES TULLISTES

Les premières tentatives des Tullistes pour fonder leur association coopérative remontent à 1864 ; mais, soit par suite des grèves qui ont ébréché leurs ressources, soit par suite des divisions soulevées entre les principaux meneurs, elle n'a pu commencer ses opérations qu'en 1868, encore a-t-il fallu que la générosité impériale leur vînt en aide par un don de soixante mille francs. Malgré ces conditions favorables, elle est loin de faire de bonnes affaires ; cela tient, je crois, à la mauvaise foi de quelques-uns de ses administrateurs qui, sous le masque du socialisme, ont exploité et exploitent peut-être encore l'association pour leur compte.

Parmi les hommes les plus influents de cette association on remarque les sieurs :

FONTAINE, maître tulliste, directeur de l'Association, membre du conseil des Prud'hommes, démocrate dévoué au mouvement coopératif ; c'est grâce à son zèle et à son caractère conciliant, que la société des Tullistes est parvenue à se constituer, malgré les divisions auxquelles elle était en butte ; c'est l'homme le plus estimé et le plus influent de la corporation des Tullistes.

BASSET (Jean), rue Bugeaud, 141.

DEVEAUX, maître tulliste. — Passe parmi un certain nombre d'ouvriers qui ne le connaissent pas à fond, pour un démocrate socialiste, intelligent et influent ; il a figuré parmi les principaux organisateurs des grèves de ce corps d'état, et plus tard il a été l'un des premiers fondateurs de l'association des Tullistes et a su, comme son ami Basset, y faire ses affaires ; on m'a assuré qu'il s'était séparé de la société et exploitait pour son propre compte, ce qui ne l'empêche pas de poser en radical.

DUPONT père, maître tulliste aux Charpennes. — Républicain socialiste, ancien affilié de l'Internationale ; c'est un des maîtres tullistes aisés et influents.

Dans la corporation des ouvriers qui n'ont pas de métier et qui travaillent pour le compte des chefs d'atelier, on peut signaler comme des démagogues renforcés. ne négligeant aucune occasion de seconder les menées de ce parti, les sieurs :

MÉZIAT (Jérôme), jouissant d'une très-mauvaise réputation, change fréquemment de domicile, pour cause de non-paiement.

MOREAU ou MOROT (Pierre), il est actuellement garçon de peine dans un magasin de soieries : doit demeurer aux Brotteaux.

TESSER (André), DURIEUX, DESPREZ (Joseph), CONSTANT (Jacques), BEIGNIER (Louis), GINET, PICHOT, HILARIC et plusieurs autres que j'aurai probablement l'occasion de signaler. car ils appartiennent à la catégorie des hommes les plus remuants de la démagogie.

ASSOCIATION DES TYPOGRAPHES

Rue de la Barre, 12.

Les premières tentatives d'association de ce corps d'état que j'ai signalé, remontent à 1864; elle a eu beaucoup de peine à se constituer et n'a commencé à fonctionner que vers la fin de 1866. Elle a pris la succession de feu M. Richard, rue Tupin, et n'a pas tardé à se placer au premier rang par ses produits typographiques.

L'esprit politique de cette association est démocratique et socialiste ; car, à Lyon comme partout, les typographes sont réputés pour être les travailleurs les plus avancés.

Le **gérant** de la société, REGARD, est un démocrate socialiste des plus avancés. Intelligent et prudent. il jouit d'une très-grande confiance dans sa corporation : c'est un ouvrier d'élite, qui a été choisi par ses pairs comme délégué à l'Exposition universelle de 1867 ; il seconde les menées démocratiques, mais, comme je l'ai dit plus haut, avec prudence afin d'éviter de compromettre l'association.

ENDERS, typographe, rue de la Victoire, 3. — Figure également parmi les ouvriers d'élite et les démocrates socialistes les plus avancés ; ce double titre lui a valu la confiance de ses pairs, qui l'ont choisi comme l'un de leurs délégués à l'Exposition de 1867.

GIDROL (Hugues), typographe, rue Duquesne, angle de la rue Duguesclin. — Affiche les opinions les plus radicales ; il était président de l'association en 1866.

TAILLEURS D'HABITS

Cette société, fondée dans le courant de l'année 1866, a commencé avec de bien modestes ressources ; environ une cinquantaine d'ouvriers tailleurs résolurent de poursuivre leur rêve de s'affranchir de l'exploitation des patrons, réunirent leurs modestes économies, que vint grossir un prêt de deux cents francs, fait par la Caisse du crédit au travail de Lyon. Ils commencèrent à établir un dépôt de fournitures pour les ouvriers de leur corps d'état, réalisèrent quelques bénéfices et commencèrent leur opération pour la confection des vêtements il y a environ un an. On assure qu'ils marchent dans une voie très-prospère.

L'esprit des membres de l'association est démocratique et socialiste. Les principaux organisateurs sont :

SAUNIER, démocrate socialiste très-avancé, administrateur de la société ; il est mêlé à toutes les menées du parti démagogique et fait partie des commissions ouvrières.

TROUILLET, tailleur en chambre. — Est signalé comme un démocrate des plus avancés et intelligents; il marche avec les radicaux dont il seconde toutes les menées, fait également parti des commissions et délégations ouvrières; c'est aussi l'un des administrateurs influents de l'association des Tailleurs.

BORGNE, gérant de l'association des Tailleurs, peut être considéré comme l'un des hommes les plus influents de cette corporation et l'un des meneurs les plus ardents du parti radical.

BROWNE, tailleur d'habits, socialiste à tous crins, ardent propagateur des théories les plus radicales, fait partie de toutes les menées de ce parti.

ETCHÉGOYEN, également administrateur de l'association des Tailleurs, peut être considéré au même titre que ses collègues sus nommés. Il est, je crois, d'origine béarnaise, et apporte dans la propagande de ses opinions toute la fougue méridionale.

SAUGE, tailleur, rue de l'Annonciade, 13,

Et DONDAINAZ, rue de l'Arbre-Sec, n° 3,

Peuvent tous les deux figurer parmi les tailleurs les plus influents de Lyon. Ils appartiennent aux opinions les plus radicales ; ce sont également des ouvriers d'élite, qui ont fait partie de la délégation ouvrière à l'Exposition universelle de 1867.

TAILLEURS DE PIERRE,

rue de la Vigilance, 3.

Cette association, composée d'une soixantaine d'ouvriers, fondée en 1865, sous la raison sociale Chaffanjon et Cie, n'a pas donné toutes les espérances que les coopérateurs en attendaient. Cela tient à diverses causes : d'abord, il y a peu d'hommes convaincus dans les tailleurs de pierre, où l'idée socialiste n'a pas encore pénétré : la grande majorité des ouvriers de cette corporation sont encore imbus des vieilles traditions du compagnonage, qui, joint à la mobilité de leurs résidences, ne leur permet guère de fixer ni leurs idées ni leurs domiciles d'une manière précise, ainsi que l'exige une association coopérative. A cette cause, il faut ajouter que le monopole de la construction, à laquelle se rattache la taille de la pierre ou la sculpture commune, appartient tout entier aux entrepreneurs, lesquels s'entendent parfaitement bien pour éloigner toute concurrence, surtout des concurrents qui possédaient tout au plus de 1,000 à 1,500 fr. Par conséquent, pauvres d'idées et de capitaux, ils sont restés à peu près stationnaires; ils travaillent plus souvent à la façon que pour leur propre compte.

L'homme le plus influent de cette association est CHAFFANJON, rue de la Vigilance, n° 3, siége de la société. Démocrate-socialiste très-ardent, très-influent dans toute la corporation des tailleurs de pierre, il est appelé dans toutes les réunions importantes de ce parti.

MICHEL, tailleur de pierre à Oullins, place de la Mairie, 14,

DEVEAUX, rue Chaponnay, 9,

Sont deux tailleurs de pierre réputés comme meneurs du parti démagogique; ils figurent dans les commissions et délégations ouvrières; ils ont fait partie de celle qui a été envoyée à l'Exposition universelle de 1867.

CHAPELIERS

Cette association composée d'une quinzaine d'ouvriers fouleurs, remonte à 1865 ; la première mise de fonds était seulement de 500 fr., que les premiers frais d'installation absorbèrent; ils auraient été dans l'impossibilité de marcher sans le concours d'une souscription faite dans la corporation qui les a mis en même de commencer quelques opérations ; ils ont surmonté les premiers obstacles et sont en voie d'amélioration.

Les membres les plus influents sont :

AMAR, gérant de la Société, rue de la Vigilance, 104 ; c'est un démocrate socialiste, qui passe dans la corporation des fouleurs pour un homme dévoué à ses principes. Intelligent et doué d'une grande prudence, il fait partie des délégations ouvrières, qui ne prennent guère de décisions sans le consulter.

SIBUET, chapelier, rue des Passants, 5, démagogue radical.

YVAN, chapelier à Monplaisir, démagogue des plus influents à la Guillotière, Monplaisir et Mont-Chat. C'est un des meneurs radicaux.

NÈGRE, rue Bossuet, 76, et BRUN, rue Madame, 173, figurent parmi les ouvriers chapeliers les plus avancés ; ils ont été délégués à l'Exposition de 1867.

La corporation des chapeliers est organisée en compagnonage ; elle possède une caisse auxiliaire en dehors de celle de la société de secours mutuels, fondée dans un but de résistance contre les patrons qui ne veulent pas payer les prix des façons convenus ; le petit capital de cette caisse doit s'élever à environ 10,000 fr. ; elle a, avec les ressources dont elle dispose, soutenu des grèves d'autres corps d'état ; c'est l'une des plus imbues des principes révolutionnaires, ayant de nombreuses relations et qui, dans un moment d'agitation, serait des **plus dangereuses.**

ASSOCIATION DES OUVRIERS POUR AMEUBLEMENT

Cette association, fondée en 1867, a, dit-on, prospéré. Les produits de ses ateliers sont des plus soignés ; ils ont même eu une commande de 40,000 fr. pour Paris ; elle a un magasin de meubles de premier choix, situé à la Guillotière.

Les principaux directeurs de cette association sont :

BATIFOIS, sculpteur sur bois et épicier, rue de Chartres.

BROWN, socialiste avancé, influent dans son corps d'état : on le remarque parmi les promoteurs les plus zélés du mouvement coopératif; il fait partie des délégations ouvrières pour les questions du travail, et est également appelé dans les comités politiques auxquels il apporte le concours de son influence.

BOYER, quai Saint-Vincent, 46.

VINAY, rue de Sèze, 26.

CHAUVET, rue de la Préfecture, 4.

Ce sont trois ex-délégués des ouvriers pour ameublement à l'Exposition de 1867 ; ils figurent parmi les démocrates les plus radicaux.

ASSOCIATION DES CANNIERS OU FABRICANTS DE MANCHES DE PARAPLUIES

Une trentaine d'ouvriers canniers se sont constitués en association en 1866; ils avaient pour capital social environ 1,500 fr.; ils sont parvenus à surmonter les difficultés de leur entreprise avec d'aussi modestes ressources, et font aujourd'hui de très-bonnes affaires. Le siége de la Société est situé rue Thomassin, 20; la raison sociale est TONNELIER et Cⁱᵉ. L'esprit des membres de la société est démocratique et socialiste.

Les plus influents sont :

TONNELIER, gérant actuel de la société.

DUTRIEU, sculpteur sur cannes et manches de parapluies, rue Bonnel, 81, ex-gérant de l'association, ex-membre de la société Internationale, figure parmi les meneurs les plus actifs du parti radical.

JOURDAN, également ancien gérant, démocrate socialiste, encore jeune et peu connu, mais qui ne tardera à se créer une certaine influence parmi les socialistes qui s'occupent de coopération. C'est à son zèle que les canniers doivent la création de leur association.

SOCIÉTÉ LYONNAISE POUR LA FOURNITURE DE LA CHAUSSURE

Rue Thomassin, 48.

Dans le courant du mois de janvier 1866, un certain nombre de maîtres cordonniers, réunis à quelques ouvriers, se sont constitués en association pour fonder un atelier et un magasin pour l'exploitation de la chaussure. Quoique les associés ne se soient réunis que dans un but de mercantilisme, la grande majorité appartient aux opinions démocratiques radicales.

Les membres les plus connus sont :

LYONNAIT, rue Thomassin, 48, président de la société, passe pour un démagogue très-radical, mêlé à toutes les menées de ce parti; on dit même que de fréquentes réunions politiques ont lieu chez lui; ces réunions seraient dissimulées sous le prétexte des intérêts de la société qu'il a fondée.

LACROTTE, cordonnier, rue Madame, 123. Démagogue révolutionnaire, homme d'action, très-exalté.

GIRARD, cordonnier, rue de la Reine, 22.

HILBRUNER, rue Grenette, 11,

VAGANAY, rue Longue, 23,

PALAIS aîné, rue Impériale, 41,

PALAIS (Antoine), rue Palais-Grillet, 42,

FILLON, rue Bourgoin, 44,

LOBEAUX, rue Jean-de-Tournes, 13,

ROBESSON, cours Lafayette, 38,

Sont tous des démocrates radicaux, secondant les menées de ce parti.

ASSOCIATION DES OUVRIERS BRONZIERS

Place de l'Hôpital, 1.

La première tentative des ouvriers sur bronze, pour fonder leur association, remonte au 13 août 1865, dans une réunion d'ouvriers de ce corps d'état, qui eut lieu chez Fredouillère, rue Duguesclin.

Depuis cette époque, ils poursuivent leur projet, qu'ils auront de la peine à réaliser.

L'esprit politique de cette corporation est des plus révolutionnaires. On peut signaler, en première ligne, comme meneurs principaux, non-seulement de cette société, mais de toutes les corporations, les sieurs :

MOLLARD, rue Sala, 44 ;

GRESILLON, rue Ferrachat, 4 ;

CHASSET, ouvrier chez Thévenin ;

BOURSEAU, rue des Remparts-d'Ainay, 24 ;

EYNARD, quai de la Charité, 6.

BURKARD, rue Tramassac, 23 ;

SERREZ, rue Laurencin, 5.

Ces deux derniers sont des ouvriers d'élite et des démocrates socialistes sincères, exerçant une influence réelle dans la corporation, qui les a choisis comme délégués à l'Exposition de 1867.

On remarque encore, dans les menées de ce parti, quelques autres bronziers dont je n'ai pu me procurer les adresses, tels que les nommés : MORAND, DUCHAMPS, MACLET, OGER, QUERS, BOURGEOIS, RACT, BOISSON, GRAYET, COLLAUD, BOSNARD, BELLICARD, LALICHE, TRONEL, MATON. Ce sont des individus sur lesquels j'aurai à revenir.

SOCIÉTÉ GÉNÉRALE DES OUVRIERS MAÇONS

16, rue de Jussieu, et 55, rue Grôlée.

Les ouvriers maçons travaillent depuis plusieurs années à fonder une société coopérative de production : mais cette corporation, comme celle des tailleurs de pierre, manque de capitaux et de connaissances économiques propres à ce genre d'association. On dit cependant qu'ils ont fait quelques petites entreprises qui ont réussi. Les démagogues considèrent ce corps d'état comme très-arriéré en matière politique et sociale. Les plus avancés, et que l'on voit figurer, dans les menées des **radicaux**, sont les sieurs :

Pradel, rue Grôlée, 55,

Et Ricand, montée du Change, 8,

Tous les deux anciens délégués à l'Exposition de 1867. Le rapport qu'ils ont fait à leur corporation est empreint d'un esprit on ne peut plus socialiste. Ce sont, incontestablement, les deux maçons qu'il est le plus important de noter.

MENUISIERS

(Société générale), rue Grôlée, 59.

Quelques démocrates socialistes de cette société font des efforts, depuis plusieurs années, pour fonder une société coopérative ; mais, dans cette corporation comme dans celles des tailleurs de pierre et des maçons, ils se sont heurtés au vieil esprit de résistance par la grève, seul moyen que les menuisiers aient adopté pour lutter contre les patrons.

Ils ont un petit capital, environ 2,000 fr. : c'est avec ces faibles ressources, augmentées par des cotisations de quelques centimes par semaine, qu'ils espèrent arriver à créer une caisse de résistance, pour forcer les patrons à se conformer aux règlements de salaires imposés par les commissions des grèves. Quelques socialistes voudraient fonder une société de production ; moyen, selon eux, plus efficace pour a éliorer la situation des travailleurs. Parmi ces derniers, on remarque les sieurs :

OUTHIER, menuisier, cours Vitton, 41, travaillant quai Fulchiron, 48. - Président du cercle des Menuisiers, rue Grôlée, 59 ; ex-délégué des ouvriers menuisiers au congrès de la société Internationale, qui a eu lieu à Bâle, en 1869 ; a été signalé dans mon rapport sur cette société.

MAGNIN, avenue de Saxe. — Ancien président du cercle de la rue Grolée, 59 ; ancien président de la grève de 1866. C'est un des hommes les plus influents dans la catégorie des compagnons ; il est très-radical et fait partie des réunions de ce parti.

GIRARDIN, rue Saint-Joseph, 15,

DELMAS, rue de Créqui, 79,

Sont renommés dans la corporation des menuisiers, comme deux ouvriers d'élite et comme deux démocrates socialistes. double qualité qui les a fait choisir comme délégués à l'exposition universelle de 1867.

On signale également comme démagogues, mais moins influents, les sieurs : CASSET, BARBOT, DEBARNOT, EBERLÉ, BOTTON, BENOÎT, HUBERT, CEYTER, PROST, LACROIX, LEVRAT MÉNARD et autres, sur lesquels j'aurai à revenir.

SOCIÉTÉ DES OUVRIERS MÉCANICIENS

Rue de Marignan. 6, et cours Napoléon. 34.

Cette société, en voie de formation depuis plusieurs années, ne marche pas à sa constitution définitive ; cette corporation est violente et se laisse dominer par les meneurs de grèves, qui ont déjà plusieurs fois fait le vide dans leur caisse. Les diverses séries de cette association qui étaient dans les quartiers de Perrache, des Brotteaux et de la Guillotière, se sont fondues dans le cercle des ouvriers sur métaux, Grande-Rue de la Guillotière, 10.

Les hommes les plus influents dans la corporation des ouvriers sur métaux sont :

MÉDA, ALATERNE, COLLET, EDILLE, GAYET, SAPIN, SIPEL, TRACOL, MIGNOT, MURE, MOLARD, GRESILLON, EYNARD, CHASSET, BOURSEAU et RESSOUCHE que j'ai signalé dans mes rapports sur les radicaux et les internationaux.

PEINTRES, SCULPTEURS ET GRAVEURS

Il y a encore à l'état de projet les associations des Peintres, Sculpteurs et Graveurs, qui ont tenu des réunions, rédigé des statuts et commencé à constituer leurs caisses ; mais je ne crois pas qu'il y ait encore aucune de ces associations qui ait commencé des opérations.

Les individus qui, dans ces corporations artistiques, se font le plus remarquer par leurs opinions radicales et socialistes, sont :

GARIN, graveur, quai de Retz, 10. — Ex-délégué à l'Exposition de 1867, membre de la société Internationale, l'un des principaux organisateurs de l'association des Graveurs.

REGARD (Louis), rue d'Auvergne, 5. — Démocrate socialiste. Il a représenté les sculpteurs à l'Exposition de 1867.

MARTIN (Arthur), sculpteur, rue de Fleurieu, 8. — Démocrate socialiste, très-exalté et ardent propagateur des principes de la société Internationale ; il est membre de la commission de cette société.

PLACET, graveur, rue Masséna, 58. — Également membre de la commission internationale, et l'un des plus zélés organisateurs de la fédération ouvrière à Lyon.

BUSQUE, sculpteur. — Membre de la commission internationale ; représente les sculpteurs qui l'ont délégué pour les représenter dans la fédération ouvrière.

SEIGNES, peintre-décorateur, place Reischstadt. — Démocrate des plus radicaux, prend une part très-active à toutes les menées de ce parti.

CHAVEROT, peintre-décorateur. — Conseiller d'arrondissement.

BOURGEOT, peintre-décorateur, rue Sainte-Jeanne, 16.

BASSET, peintre-décorateur, rue Neuve-Saint-Michel.

BENIÈRE fils, peintre-décorateur, avenue de Saxe.

BOLAY, peintre, travaillant à la Buire,

SIMON, peintre en voiture, travaillant à la Buire,

BADARELLI, peintre-décorateur, tenant un café, rue des Farges, angle de la rue du Télégraphe,

Sont tous signalés comme des meneurs du parti démagogique.

Dans un prochain, je signalerai les sociétés de crédit mutuel et gratuit, et les cercles des Travailleurs.

1er avril 1870.

FAURE.

SOCIÉTÉS DE CRÉDIT

—

Monsieur le conseiller d'état,

Je vais terminer ma série de rapports sur les associations politiques et socialistes de la démocratie lyonnaise, par quelques aperçus *sur les groupes mutuellistes de prêts gratuits, la banque du Crédit au travail, les groupes solidaires, les caisses auxiliaires de résistance, les cercles des travailleurs et autres sociétés populaires*, où nous allons retrouver une grande partie des mêmes hommes que j'ai déjà signalés dans les diverses associations que j'ai passées en revue, et qui, ainsi que je l'ai dit, n'ont d'autre but, que discipliner la classe ouvrière afin qu'elle soit toujours prête à lutter contre l'exploitation de la bourgeoisie et contre les pouvoirs politiques; seulement ils s'efforcent de voiler cette partie du programme révolutionnaire dont ils poursuivent la réalisation.

Je commence par les groupes mutuellistes de prêts gratuits, ou **Sociétés de dix centimes**, qui ont été l'origine d'où sont sorties, à Lyon, les diverses formes des associations coopératives ; ces groupes avaient pour but moyennant un versement de dix centimes par semaine de faciliter entre eux de petits prêts gratuits et de se procurer mutuellement du travail au moyen d'un registre placé au siége de chaque société.

Ces petites associations ouvrières, qui remontent à la fin de l'année 1863, ne tardèrent pas à prendre des proportions remarquables, dans les premiers mois de l'année 1864, on en comptait environ quatre-vingts principales qui avaient sous leurs ordres plusieurs séries fondées par les membres les plus influents de la série initiatrice.

C'est dans un établisement public tenu par Dufond (décédé depuis), situé rue Lemot, que les premières réunions eurent lieu; on remarquait à la tête des meneurs Bizolon, tisseur, signalé dans mes notes sur les tisseurs, et qui en a été le **président.**

BAFFERT, tisseur, place Colbert, 4, que j'ai dû oublier dans mes notes précédentes, est un démagogue socialiste qui a figuré parmi les plus ardents promoteurs des société à dix centimes dont il a été président, plus tard de la société des Tisseurs, dont il est président de série ; il a également pris une part très active à la fondation de l'Association Internationale à Lyon.

LAPIERRE, tissseur, cours des Tapis, ancien révolutionnaire de 1848, que j'ai signalé dans mes notes sur la société coopérative des Tisseurs dits Indépendants, a figuré parmi les premiers présidents des groupes de prêts gratuits.

PELLETIER, tisseur, à la Croix-Rousse, mêmes renseignements que pour le précédent.

PETIT, tisseur, à la Croix-Rousse, mêmes renseignements.

PERRENET, tisseür, rue d'Ivry, 27. a été signalé dans mes notes sur les radicaux.

SIGAUD, navetier, à Saint-Georges, mêmes renseignements.

THIBAUDON, tisseur à la Croix-Rousse. — Ancien président d'un groupe mutuelliste de prêts gratuits. Démagogue violent, esprit grincheux, peu sympathique même aux démagogues, n'exerçant de l'influence que sur les rageurs de son espèce.

DÉSIRÉ (Antoine-Elie), tisseur, rue du Pavillon, 1. — Démocrate socialiste très-influent dans sa corporation, jouissant surtout d'une réputation d'honorabilité qui l'a fait président des prêts gratuits, plus tard, administrateur de la société des Tisseurs ; on lui avait même confié la petite caisse. C'est un homme très-énergique, qui figurerait parmi les agitateurs dans un moment de trouble; il doit avoir environ 36 ans.

BOUVIER, âgé de 40 à 45 ans, monteur de métiers, grande rue de la Croix-Rousse. — Ancien politique révolutionnaire de 1848, dont les opinions n'ont guère subi de modifications; il est mêlé au mouvement coopératif et aux menées politiques des radicaux.

Enfin un grand nombre d'autres qui tous figurent dans mes notes sur les associations. Il y avait parmi eux un nommé PELOSSE, tenant le cabaret de la *Croix-Noire*, rue de Cuire, chez lequel se sont tenues des réunions. Cet individu affichait des opinions si provocatrices contre le gouvernement, qu'il a été soupçonné d'appartenir à la police ; son établissement a été mis à l'index ; on m'a assuré qu'il avait été forcé d'abandonner son commerce faute de clients.

Il existe encore quelques groupes primitifs de ces petites sociétés de prêts gratuits, mais la majorité s'est fondue dans les sociétés coopératives : la **Banque du Crédit au Travail**, le **Crédit mutuel lyonnais**, l'**Avenir**, crédit solidaire, et l'**Avenir social**.

J'ai suivi attentivement les modifications que ces sociétés de travailleurs ont subies, et j'ai eu souvent l'occasion de signaler à l'autorité supérieure que des passions politiques n'y étaient pas étrangères ; la première de ces modifications a été provoquée par le parti de la bourgeoisie démocratique qui, voyant le parti que l'on pouvait tirer des principaux meneurs des groupes mutuellistes, chercha à se les attacher en leur proposant de les associer à un projet de crédit au travail, établi sur une vaste échelle : ces meneurs, flattés des avances de la bourgeoisie et espérant que cette nouvelle banque populaire rendrait des services aux travailleurs, acceptèrent : de là naquit la Banque du crédit au travail, qui fut fondée au mois de mars 1864, qui, malgré de nombreux efforts et une assez bonne administration, a de la peine à se soutenir et qui n'a rendu service jusqu'ici qu'à de petits boutiquiers et petits patrons faisant partie de la coterie démocratique libérale, qui, après s'être servi des travailleurs pour le succès de leurs élections, ne se sont plus occupés d'eux. Aussi le Crédit au travail est-il complètement discrédité parmi les radicaux qui ont rompu avec la bourgeoisie démocratique et libérale pour fonder diverses institutions de crédit mutuel dont les principales sont : le Crédit mutuel, l'Avenir et l'Avenir social. D'autres se sont lancés dans les créations de sociétés de production et de consommation. J'ai signalé ces deux derniers modes du mouvement coopératif. Avant de passer aux trois autres sociétés de crédit mutuel, je vais signaler les principaux promoteurs et organisateurs de la Banque du crédit au travail. qui n'a jamais prêté un sou aux travailleurs.

Les principaux membres sont les sieurs :

> Hénon, ancien député ;
> Ferrouillat, avocat, ancien représentant du peuple ;
> Varambon, avocat, conseiller général ;
> Bacot,   id.   id.
> Bonnardel, ancien agent de change, conseiller général:
> Flotard, rentier, légiste, homme de lettres ;
> Josserand, marchand de bois, conseiller d'arrondisse-
> ment ;
> Chavanne, médecin ;
> Le Royer, avocat ;
> Rougier, ancien négociant ;
> Chambeyron,   id.
> Calley, ancien directeur du Crédit au travail ;
> Gérard, teneur de livres, directeur actuel du Crédit au
> travail ;
> Batifois, épicier, gérant de l'Association des ouvriers
> pour ameublement ;
> Baudy, maître cordonnier, conseiller d'arrondissement;
> Caire, tisseur, à la Croix-Rousse ;
> Duguerry, tisseur,   id.
> Mingat, cordonnier, Grand'Rue de la Guillotière ;
> Soubrat, dessinateur, à la Croix-Rousse ;
> Chapitet, teneur de livres, rue Table-Claudienne ;
> Pinet, teneur de livres chez Coignet ;
> Maynard, teneur de livres, rue du Jardin-des-Plantes, 3.

Ce sont les hommes les plus connus du parti démocratique qui ont participé à la fondation du Crédit au travail. Je les ai tous signalés dans mes rapports précédents sur les comités politiques et les associations ouvrières. Avant les élections de 1869, la partie radicale des membres de cette société, à la tête de laquelle on remarque Soubrat, dessinateur; Duguerry, tisseur; Caire, tisseur; Pinet, comptable, et Chapitet, teneur de livres, ont provoqué une scission et fondé les petites institutions de prêts mutuels :

Le Crédit mutuel lyonnais, Grand'Rue-de-Cuire, 2 ;

L'Avenir, crédit solidaire, directeur Clausier, rue de Créqui, 27 ;

L'Avenir social, rue Jardin-des-Plantes, 5.

On m'a assuré que ces petites sociétés de crédit mutuel marchaient très-bien ; quant à l'esprit qui anime tous les membres qui en font partie, il est inutile que je le redise, il est démocratique et socialiste.

CAISSES AUXILIAIRES DE RÉSISTANCE

Plusieurs corporations ouvrières ont organisé ce que l'on est convenu d'appeler les caisses auxiliaires ; ces caisses sont fondées dans un double but, le premier qu'ils avouent hautement, consiste à faciliter aux ouvriers une épargne pour parer autant que possible aux chômages trop prolongés et comme secours dans des cas exceptionnels ; c'est là le côté humanitaire. Le deuxième but est le côté révolutionnaire, il consiste à appliquer les fonds au soutien des grévistes dans leur lutte contre les patrons. C'est une puissance créée contre ces derniers ; l'on peut même dire qu'elles n'ont pas servi à d'autre but jusqu'à ce jour.

L'on cite, comme étant très-bien organisés sous ce rapport, les **Chapeliers**, qui posséderaient environ 10,000 fr. et qui, à l'aide de cette caisse sans cesse alimentée par de nouveaux versements, ont soutenu leurs salaires d'une manière assez raisonnable. Sibuet est l'un des fondateurs de cette caisse et l'un des hommes les plus influents de sa corporation : il a été signalé dans mes rapports sur les radicaux et les associations de production.

Les **Menuisiers** ont fondé, il y a quelques années, une caisse auxiliaire de résistance dont les fonds sont placés au Crédi^t lyonnais ; ils sont moins riches que les chapeliers, mais avec leurs modestes ressources, ils ont déjà obligé les patrons à se conformer aux nouveaux règlements de salaires qu'ils ont arrêtés dans leur dernière grève.

Les principaux fondateurs de la caisse auxiliaire des menuisiers sont : Outhier, Magnin, Casset, Eberlé, Ceyter, Prost, Letaut, Lacroix, Dufin, Galand, et plusieurs autres démocrates socialistes que j'ai dû signaler dans mes notes sur cette **corporation.**

Les **Typographes** et les **Lithographes** se sont organisés de la même manière.

Les principaux organisateurs sont les sieurs Regard, Enders et Gidrol, que j'ai signalés dans mes notes sur ce corps d'état ; on y remarque encore parmi les meneurs influents les individus ci-après : Goutorbe, Colomb, Chorier, Rillieux, Lauvin, Buisson, Gariod, Savoie, Jacquemard, Aergeter, Passot, Veley, Ducret, Saunier, Milleron, Wurm, Grinand fils et autres sur lesquels j'aurai l'occasion de revenir.

Je ne reviendrai pas sur les ouvriers **Tisseurs** et sur les **Ouvriers sur métaux**, sur lesquels j'ai fourni déjà des renseignements, et qui, eux aussi, ont des caisses de résistance à l'aide desquelles ils ont obtenu des concessions de la part des patrons qu'ils avaient mis à l'interdit.

CERCLES

—

Parmi les cercles de travailleurs, les principaux sont :

Le **Cercle des Ouvriers métallurgiques**, rue de la Guillotière, 10, présidé par Méda, mécanicien, même rue. 100. Dans mes notes sur l'Internationale, j'ai signalé les principaux membres de ce cercle et l'esprit politique et socialiste dont ils sont animés ; il est donc inutile que je me répète.

Dans le même quartier, rue Creuzet, il existe également un cercle composé de petits patrons, boutiquiers et ouvriers appartenant aux opinions démocratiques ; ils ont pris le titre d'**Amis-des-Arts** ; les principaux membres agissent sous l'influence de Varambon, Crestin. Baudy et Bonnet, un conseiller général, deux conseillers d'arrondissement et un membre du conseil des Prud'hommes, signalés tous dans mes précédents rapports ; les autres membres influents sont :

PINET, teneur de livres chez Coignet, fabricant d'allumettes chimiques, demeurant rue Rabelais. — Socialiste ardent, mêlé à toutes les menées des radicaux et du mouvement coopératif, que j'ai, je crois, signalé.

PONCET, tisseur, signalé dans mon rapport sur les tisseurs.

PERRONCEL, tisseur,   id.   id.

MAYER, employé dans les chemins de fer, signalé dans mes notes sur les démocrates libéraux et internationaux.

GUINAMARD, épicier et employé des chemins de fer. — Démocrate avancé, caractère assez conciliant ; il appartient à la coterie Favriste et exerce quelque influence à la Guillotière, rue des Passants ; il est, je crois, président d'un groupe de crédit mutuel fondé dans ce quartier.

JACOB, employé à la Cristallerie. — Démocrate socialiste, jouissant d'une certaine influence parmi les viveurs, dont il est très-aimé à cause de son esprit porté aux choses joyeuses.

MINGAT, cordonnier, grande rue de la Guillotière. — Signalé dans mes rapports sur les démocrates libéraux, les internationaux et sociétés de crédit.

CERCLE DES TRAVAILLEURS

Cours Vitton.

Ce cercle, fondé il y a quelques années seulement, est devenu le point central des démocrates-socialistes des Brotteaux ; il y a un commencement de bibliothèque composé de publications socialistes, l'on y fait souvent des lectures et des conférences de libre penseurs.

On y remarque ; parmi les fondateurs et membres influents : Varambon, avocat : Dumarest, avocat ; F. Morin, journaliste ; Groz, avocat ; Millaud, avocat ; Peillon, médecin. Sont également inscrits comme fondateurs : J. Macé, propagateur de la ligue de l'enseignement, et Mlle Vesenet, institutrice à Beblenheim (Haut-Rhin), qui ont fait don de leurs œuvres au cercle ; tous ces noms sont trop connus pour que j'aie besoin d'entrer dans des détails sur eux.

Puis viennent en deuxième ligne de petits patrons et travailleurs bien posés dans le parti démocratique, tels que : Maniller, maître tisseur, rue de Sèze ; Dumont, contre-maître dans les ateliers de M. Mage, fabricant de toiles métalliques, aux Brotteaux ; Porel, maître tisseur, rue Charlemagne ; Ligier, maître tisseur, rue de Sèze, 61 ; Morand, maître tisseur ; Chapitet, teneur de livres ; Pinet père et fils, plieurs, rue de Sèze, angle de la rue Tête-d'Or : Tardy, employé dans la maison Pollard et Viennois, montée du Griffon, demeurant cours Vitton, 43 ; Servet, maître tisseur, rue Boileau, 5, et autres démocrates socialistes que j'ai signalés dans mes précédents rapports et qui se retrouveront souvent sous ma plume dans les menées de ce parti que j'aurai à signaler.

CERCLE PROGRESSIF

Ce cercle, situé à la Croix-Rousse, est le foyer principal des démagogues les plus enragés du plateau ; c'est le centre d'action des radicaux et libres-penseurs.

Denis Brack, Andrieux, Francfort, Wolowski, Chanoz dit Lagarguille, l'ex-commandant Legros, Guillot y trouvent leurs plus chauds partisans et vont y arrêter leurs projets de réunions, de banquets et autres menées, qui, grâce au concours des membres de ce cercle, ne tardent pas à être connus de tous les démagogues lyonnais.

Les membres les plus influents sont : Tissot, Cassabois, Garnier, Gay, Chanet, Blachon, Grinand fils, Laganier, Besson, Dizain, tous démagogues, radicaux, socialistes et libres-penseurs des plus échevelés, que j'ai signalés et que j'aurai l'occasion de signaler dans les menées de ce parti.

CERCLE DE LA SOLIDARITÉ COOPÉRATIVE

Ce cercle, fondé en 1866 par des petits patrons, boutiquiers et ouvriers, a exercé pendant quelque temps une certaine influence dans la démocratie. Aux élections de 1869, il fut le centre d'une opposition qui ne voulait ni de Bancel ni d'Hénon pour députés ; on y avait adopté les candidatures ouvrières, qui, n'ayant pas été adoptées par la majorité de la démocratie, devinrent le sujet d'une scission ; les membres de ce cercle votèrent avec des bulletins blancs.

Les principaux fondateurs et qui exercent de l'influence dans ce cercle, sont :

FARNIER, fabricant de cartes à jouer, rue Centrale, 8 ;

MOUSSY, propriétaire et emballeur, rue Tête-d'Or, 58 ;

GARREL, ex-tisseur, fabricant de cravates, se donnant comme homme de lettres, demeurant quartier des Brotteaux ;

LAMBRECH, teneur de livres ;

CHEPIÉ, prud'homme des ouvriers tisseurs ;

BATIFOIS, épicier, sculpteur sur bois, gérant de l'Association pour ameublement ;

CHUPIN, coutelier, ex-délégué à l'Exposition de 1862 ;

BERGERON, maître tisseur ;

FAVIER (Edmond), tisseur, rue des Gloriettes, 24.

Ce sont des noms que l'on trouve mêlés à toutes les menées du parti démocratique.

Dans mes rapports ultérieurs, je compléterai ces renseignements par des détails que je peux avoir omis, et par des notes sur un nombre considérable de démagogues qui, quoique ne faisant pas partie des associations et des réunions, n'en secondent pas moins, dans les masses, les menées de la démagogie.

*

Je suis, avec le plus profond respect, de vous, Monsieur le Conseiller d'État, le très-humble et tout dévoué serviteur.

FAURE.

TABLE DES MATIÈRES

NOMS DES PERSONNES CITÉES DANS CETTE PUBLICATION

Anonyme des Tisseurs. — Monet, Burlat, Cochard, Vasserat, Péroncel, Poncet, Séon, Bois, Garnier, Cachard, Colomban, Chamberland, Arbez, Arnaud, Barboyon, Bourdillon, Davagnes, Padis, Hermitte, Hivernon, Juillet, Monin, Mathieu, Manillier, Michaloud, Bonnet, Condamin, Berthier, Coque, Couturier, Chepié, Carrier, Ganguet, Clair, Picot, Bizolon, Pinet, Véret, Bessenay.

Coopérative et de prévoyance des Tisseurs. — Anjou, Biol, Caire, Doriens, Désvignes, Duguerry, Dugelay, Delhôpital, Favre, Greppo, Gerin, Lapierre, Maréchal, Pelletier, Sirbeau, Chepié.

Teinturiers. — Pivot, Saül, Muguet, Catignon, Bertrand, Chavalier, Allemand, Garnier, Barnoud.

Tullistes. — Fontaine, Basset, Deveaux, Dupont père, Meziat, Moreau ou Morot, André Tesser, Durieux, Joseph Desprez, Jacques Constant, Louis Reignier, Ginot, Pichot, Hilaric.

Typographes. — Regard, Enders, Gidrol.

Tailleurs d'habits. — Saunier, Trouillet, Borgne, Browne, Eichégoyen, Sauge, Dondainaz.

Tailleurs de pierre. — Chaffanjon, Michel, Deveaux.

Chapeliers. — Amar, Sibuet, Yvan, Nègre, Brun.

Ameublement. — Batifois, Brown, Boyer, Vinay, Charvet.

Canniers. — Tonnelier, Dutrieux, Jourdan.

Fournitures pour la Chaussure. — Lyonnet, Lacrotte, Gérard, Hittebrunner, Vaganay, Palais aîné, Antoine Palais, Fillon, Lobeaux, Robesson.

Bronziers. — Mollard, Gresillon, Chanet, Bourseau, Eynard, Burkard, Serrez, Morand, Deschamps, Maclet, Oger, Quers, Bourgeois, Ract, Boisson, Grayet, Collaud, Bosnard, Bellicard, Laliche, Tronel, Maton.

Maçons. — Pradel, Ricand.

Menuisiers. — Outhier, Magnin, Girardin, Delmas, Canet, Barbot, Debarmot, Eberlé, Botton, Benoît, Hubert, Ceyter, Prost, Lacroix, Levrat, Menard.

Mécaniciens. — Méda, Alaterne, Bollet, Edelle, Gayet, Sapin, Sipel, Teisot, Mignot, Mure, Mollard, Gresillon, Eynard, Chas et, Bourseau, Ressouche.

Peintres, Sculpteurs et Graveurs. — Louis Regard, Arthur Martin, Picot, Busque, Seignes, Chaverot, Bourgeot, Basset, Bénière fils, Bolay, Simon, Badarelli.

Crédit, Société à 10 c. — Baffert, Lapierre, Pelletier, Petit, Perronet, Sigaud, Thibaudon, Désiré, Bouvier, Pelosse.

Crédit au Travail. — Hénon, Ferrouillat, Varambon, Bacot, Bonnardel, Flotard, Josserand, Chavanne, Le Royer, Rougier, Chambeyron, Cabut, Gérard, Batifois, Baudy, Caire, Duguerry, Mingat, Soubrat, Chapitet, Finot, Maynard, Clauzier.

Caisses de résistance. — Sibuet, Outhier, Magnin, Canet, Eberlé, Ceyter, Prost, Letaut, Lacroix, Dufin, Galand, Regard, Gidrol, Goutorbe, Colomb, Chorrier, Rillieux, Lauvin, Buisson, Gariod, Savoie, Jacquemard, Aergerter, Passot, Veley, Ducret, Saunier, Milleron, Wurm, Grinand fils.

Cercles. — Méda, Varambon, Crestin, Baudy, Bonnet, Pinet, Poncet, Perroncel, Mayer, Guinamard, Jacob, Mingat, Dumarest, P. Morin, Groz, Millaud, Peillon, J. Macé, Mlle Vescnet, Manillier, Dumont, Bret, Ligier, Morand, Chapitet, Pinet, Tardy, Servet, Denis Brack, Andrieux, Francfort, Wolowski, Chanoz, Legros, Guillot, Tissot, Cassabois, Garnier, Gay, Chanet, Blanchon, Grinand fils, Laganier, Besson, Dizain, Farnier, Moussy, Garel, Lambrechts, Chepié, Batifois, Chupin, Bergeron, Favier.

Lyon, Association typographique — Regard, rue de la Barre, 13.

LA
COOPÉRATION LYONNAISE

JUGÉE PAR L'EX-POLICE IMPÉRIALE

RENSEIGNEMENTS SUR LES ASSOCIATIONS

ET LEURS PRINCIPAUX MEMBRES

Publiés avec l'autorisation du Conseil municipal
et vendus au profit de la Défense nationale

DEUXIÈME LIVRAISON

ASSOCIATIONS DE PRODUCTION

Prix : 15 Centimes

LYON
ASSOCIATION TYPOGRAPHIQUE
REGARD, RUE DE LA BARRE, 12

—

1870

NOMS DES PERSONNES CITÉES DANS CETTE PUBLICATION

Anonyme des Tisseurs. — Monet, Burlat, Cochard. Vasserat, Péroncel, Poncet, Séon, Bois, Garnier, Cachard, Colomban, Chamberland, Arbez, Arnaud, Barboyon, Bourdillon, Davagnes, Padis, Hermitte, Hivernon, Juillet, Monin, Mathieu, Manillier, Michaloud, Bonnet, Condamin, Berthier, Coque, Couturier, Chepié, Carrier, Ganguet, Clair, Picot, Bizolon, Pinet, Veyet, Bessenay.

Coopérative et de prévoyance des Tisseurs. — Anjou, Biot, Caire, Dorieux, Desvignes, Duguerry, Dugelay, Delhôpital, Favre, Greppo, Gerin, Lapierre, Maréchal, Pelletier, Sirbeau, Chepié.

Teinturiers. — Pivot, Saül, Muguet, Catignon, Bertrand, Chaudier, Allemand, Garnier, Barnoud.

Tullistes. — Fontaine, Basset, Deveaux, Dupont père, Meziat, Moreau ou Morot, André Tesser, Durieux, Joseph Desprez, Jacques Constant, Louis Reignier, Ginot, Pichot, Hilaric.

Typographes. — Regard, Enders, Gidrol.

Tailleurs d'habits. — Saunier, Trouillet, Borgne, Browne, Etchégoyen, Sauge, Dondainaz.

Tailleurs de pierre. — Chaffanjon, Michel, Deveaux.

Chapeliers. — Amar, Sibuet, Yvan, Nègre, Brun.

Ameublement. — Batifois, Brown, Boyer, Vinay, Chauvet.

Canniers. — Tonnelier, Dutrieux, Jourdan.

Fournitures pour la Chaussure. — Lyonnet, Lacrotte, Gérard, Hiltebrunner, Vaganay, Palais aîné, Antoine Palais, Fillon, Lobeaux, Robesson.

Bronziers. — Mollard, Gresillon, Chanet, Bourseau, Eynard, Barkard, Serrez, Morand, Deschamps, Maclet, Oger, Quers, Bourgeois, Ract, Boisson, Grayet, Collaud, Bosnard, Bellicard, Laliche, Tronel, Maton.

Maçons. — Pradel, Ricand.

Menuisiers. — Outhier, Magnin, Girardin, Delmas, Canet, Barbot, Debarmot, Eberlé, Botton, Benoît, Hubert, Ceyter, Prost, Lacroix, Levrat, Menard.

Mécaniciens. — Méda, Alaterne, Bollet, Edelle, Gayet, Sapin, Sipel, Tracol, Mignot, Mure, Mollard, Gresillon, Eynard, Chas et, Bourseau, Ressouche.

Peintres, Sculpteurs et Graveurs. — Louis Regard, Arthur Martin, Placet, Busque, Seignes, Chaverot, Bourgeot, Basset, Bénière fils, Bolay, Simon, Badarelli.

Crédit, Société à 10 c. — Baffert, Lapierre, Pelletier, Petit, Perrenet, Sigaud, Thibaudon, Désiré, Bouvier, Pelosse.

Crédit au Travail. — Hénon, Ferrouillat, Varambon, Bacot, Bonnardel, Flotard, Josserand, Chavanne, Le Royer, Rougier, Chambeyron, Calley, Gérard, Batifois, Baudy, Caire, Duguerry, Mingat, Soubrat, Chapitet, Pinet, Maynard, Clauzier.

Caisses de résistance. — Sibuet, Outhier, Magnin, Canet, Eberlé, Ceyter, Prost, Letaut, Lacroix, Dufin, Galand, Regard, Gidrol, Goutorbe, Colomb, Chorrier, Rillieux, Lauvin, Buisson, Gariod, Savoie, Jacquemard, Aergerter, Passot, Veley, Ducret, Saunier, Milleron, Wurm, Grinand fils.

Cercles. — Méda, Varambon, Crestin, Baudy, Bonnet, Pinet, Poncet, Perroncel, Mayer, Guinamard, Jacob, Mingat, Dumarest, P. Morin, Groz, Millaud, Peillon, J. Macé, Mlle Vesenet, Manillier, Dumont, Bret, Ligier, Morand, Chapitet, Pinet, Tardy, Servet, Denis Brack, Andrieux, Francfort, Wolowski, Chanoz, Legros, Guillot, Tissot, Cassabois, Garnier, Gay, Chanet, Blanchon, Grinand fils, Laganier, Besson, Dizain, Farnier, Moussy, Garel, Lambrechts, Chepié, Batifois, Chupin, Bergeron, Favier.

LA
COOPÉRATION LYONNAISE

JUGÉE PAR L'EX-POLICE IMPÉRIALE

RENSEIGNEMENTS SUR LES ASSOCIATIONS

ET LEURS PRINCIPAUX MEMBRES

Publiés avec l'autorisation du Conseil municipal
et vendus au profit de la Défense nationale

TROISIÈME LIVRAISON

SOCIÉTÉS DE CRÉDIT. — CAISSES DE RÉSISTANCE. — CERCLES

Prix : 15 Centimes

LYON

ASSOCIATION TYPOGRAPHIQUE

REGARD, RUE DE LA BARRE, 12

1870

NOMS DES PERSONNES CITÉES DANS CETTE PUBLICATION

Anonyme des Tisseurs. — Monet, Burlat, Cochard. Vasserat, Péroncel. Poncet, Séon, Bois, Garnier, Cachard, Colomban, Chamberland, Arbez, Arnaud, Barboyon, Bourdillon, Davagnes, Padis, Hermitte, Hivernon, Juillet, Monin, Mathieu, Manillier, Michaloud, Bonnet, Condamin, Berthier, Coque, Couturier, Chepié, Carrier, Ganguet, Clair, Picot, Bizolon, Pinet, Veyet, Bessenay.

Coopérative et de prévoyance des Tisseurs. — Anjou, Biot, Caire, Dorieux, Desvignes, Duguerry, Dugelay, Delhôpital, Favre, Greppo, Gerin, Lapierre, Maréchal, Pelletier, Sirbeau, Chepié.

Teinturiers. — Pivot, Saül, Muguet, Catignon, Bertrand, Chaudier, Allemand, Garnier, Barnoud.

Tullistes. — Fontaine, Basset, Deveaux, Dupont père, Meziat, Moreau ou Morot, André Tesser, Durieux, Joseph Desprez, Jacques Constant, Louis Reignier, Ginot, Pichot, Hilaric.

Typographes. — Regard, Enders, Gidrol.

Tailleurs d'habits. — Saunier, Trouillet, Borgne, Browne, Etchégoyen, Sauge, Dondainaz.

Tailleurs de pierre. — Chaffanjon, Michel, Deveaux.

Chapeliers. — Amar, Sibuet, Yvan, Nègre, Brun.

Ameublement. — Batifois, Brown, Boyer, Vinay, Chauvet.

Canniers. — Tonnelier, Dutrieux, Jourdan

Fournitures pour la Chaussure — Lyonnet, Lacrotte, Gérard, Hillebrunner. Vaganay, Palais aîné, Antoine Palais, Fillon, Lobeaux, Robesson.

Bronziers. — Mollard, Gresillon, Chanet, Bourseau, Eynard, Burkard, Serrez, Morand, Deschamps, Maclet, Oger, Quers, Bourgeois, Ract, Boisson, Grayet, Collaud, Bosnard, Bellicard, Laliche, Tronel, Maton.

Maçons. — Pradel, Ricand.

Menuisiers. — Outhier, Magnin, Girardin, Delmas, Canet, Barbot, Debarmot, Eberlé, Botton, Benoît, Hubert, Ceyter, Prost, Lacroix, Levrat, Menard.

Mécaniciens. — Méda, Alaterne, Bollet, Edelle, Gayet, Sapin, Sipel, Tracol, Mignot, Mure, Mollard, Gresillon, Eynard, Chas et, Bourseau, Ressouche.

Peintres, Sculpteurs et Graveurs. — Louis Regard, Arthur Martin, Placet. Busque, Seignes, Chaverot, Bourgeot, Basset, Bénière fils, Bolay, Simon, Badarelli.

Crédit, Société à 10 c. — Baffert, Lapierre, Pelletier, Petit, Perrenet, Sigaud, Thibaudon, Désiré, Bouvier, Pelosse.

Crédit au Travail. — Hénon, Ferrouillat, Varambon, Bacot, Bonnardel, Flotard, Josserand, Chavanne, Le Royer, Rougier, Chambeyron, Calley, Gérard, Batifois, Baudy, Caire, Duguerry, Mingat, Soubrat, Chapitel, Pinet, Maynard, Clauzier.

Caisses de résistance. — Sibuet, Outhier, Magnin, Canet, Eberlé, Ceyter, Prost, Letaut, Lacroix, Dufin, Galand, Regard, Gidrol, Goutorbe, Colomb, Chorrier, Rillieux, Lauvin, Buisson, Gariod, Savoie, Jacquemard, Aergerter, Passot, Veley, Ducret, Saunier, Milleron, Wurm, Grinand fils.

Cercles. — Méda, Varambon, Creslin, Baudy, Bonnet, Pinet, Poncet, Perroncel, Mayer, Guinamard, Jacob, Mingat, Dumarest, P. Morin, Groz, Millaud, Peillon, J. Macé, Mlle Vesenet, Manillier, Dumont, Bret, Ligier, Morand, Chapitet, Pinet, Tardy, Servet, Denis Brack, Andrieux, Francfort, Wolowski, Chanoz, Legros, Guillot, Tissot, Cassabois, Garnier, Gay, Chanet, Blanchon, Grinand fils, Laganier, Besson, Dizain, Farnier, Moussy, Garel, Lambrechts, Chepié, Batifois, Chupin, Bergeron, Favier.